Karl Wassmannsdorff

Das um das Jahr 1500 gedruckte erste deutsche Turnbuch

Mit Zusätzen aus deutschen Fechthandschriften und 17 Zeichnungen von Albrecht Dürer

Karl Wassmannsdorff

Das um das Jahr 1500 gedruckte erste deutsche Turnbuch
Mit Zusätzen aus deutschen Fechthandschriften und 17 Zeichnungen von Albrecht Dürer

ISBN/EAN: 9783741168383

Hergestellt in Europa, USA, Kanada, Australien, Japan

Cover: Foto ©Stingray / pixelio.de

Manufactured and distributed by brebook publishing software (www.brebook.com)

Karl Wassmannsdorff

Das um das Jahr 1500 gedruckte erste deutsche Turnbuch

Karl Wassmannsdorff

Das um das Jahr 1500 gedruckte erste deutsche Turnbuch

Das erste deutsche Turnbuch

neu herausgegeben von

Karl Wassmannsdorff

mit Ergänzungen aus Handschriften und siebzehn Bildern

Albrecht Dürer.

Heidelberg.
Buchhandlung von Karl Groos.
1871.

Das

um das Jahr 1500 gedruckte

erste deutsche Turnbuch.

Neu herausgegeben

von

Karl Wassmannsdorff.

Mit Zusätzen aus deutschen Fechthandschriften
und
17 Zeichnungen von Albrecht Dürer.

Heidelberg 1871.
Buchhandlung von K. Groos.

Vorwort.

„Es ist unser turnen keine neue sache".

Neueste schrift über das turnwesen
von einem schulmann. Eisenach 1816. S. 9.

Die deutschen Fechthandschriften sind die ältesten Turnschriften des deutschen Volkes. Einen Theil der alten Turnkunst, die sie lehren, habe ich in meinem Buche „Die Ringkunst des deutschen Mittelalters, Leipzig bei M. G. Priber 1870" zur allgemeinen Kenntniß gebracht, in der Hoffnung und Erwartung, der turnerische Betrieb der neueren Ringkunst werde aus diesen zum ersten Male bekannt gemachten Ringanweisungen mannigfache Anregungen und Erweiterungen schöpfen.

Das vorliegende Werkchen bietet eine Ergänzung zu jenem Buche. Es will die der Auerswald'schen „Ringerkunst von 1539", die bei Priber zu Leipzig 1869 neu erschienen ist, in Druckwerken vorangegangenen Ringunterweisungen zu einem Eigenthume der Turner unserer Tage machen; giebt somit das älteste gedruckte Ringbüchlein, überhaupt die erste gedruckte Turnschrift, wieder und entnimmt die in das zweitälteste gedruckte deutsche Fechtbuch aus Albrecht Dürer's deutscher Fechthandschrift v. J. 1512 übergegangenen Ringübungen nicht dem Egenolph'schen Druckwerke, sondern — zur Vergleichung mit demselben — der Dürer'schen *Ortlodidascualia* selbst.

Unser „erstes Turnbuch" ist eine Nachbildung des unter Nr. 1142 der Königl. Hof- und Staatsbibliothek zu München angehörenden Holzschnittwerkes, einer Incunabel ohne Ort- und Zeitangabe, jedenfalls vor d. J. 1507 gedruckt, da man den Namen desjenigen kennt, dessen Eigenthum das Buch in jenem Jahre war: s. Sotzmann's Aufsatz in der Zeitschrift „Serapeum" v. 1844:

„Über ein unbekanntes xylographisches Ringerbuch", S. 40. Vielleicht ist das Werkchen schon in den Schlußjahren des 15. Jahrhunderts gedruckt. Hain's „bibliographisches Repertorium von 1831" kennt noch zwei weitere Ausgaben unseres Ringbuches: „9802. KUNST vnd Art des | Ringens. Hye in diesem büchlin | findt man die recht kunst vnd art des | Ringens, mit vil hüpschen stucken vnd figuren, Dadurch | sich ein ye | llicher wol veben mag, vnd solliches ringen lernen (s. L a. 23 Holzschnittfiguren)" und „1310. RYNGBŪCHLYN. Das ist ain hübsch | ring büchliu. Fol. 1ᵇ Jn f. Jörgen namen heb an — —"; unten „grueblem". Fol. 11ᵇ Getruckt, zu. Augspurg Von Hanssen. Sittich. s. a. 11 L mit 27 [23?] xylographischen Figuren.

Ein größeres Format als die Münchner Incunabel und eine bisweilen freiere und lebendigere Zeichnung der Ringer zeigt das nicht eingebundene xylographische Ringerbuch, welches Sotzmann im Serapeum v. 1844 S. 33 ff. beschrieben hat. Unter der Bezeichnung: „H. Würm: Ringerbuch. Landshut. 6 Doppelblätter mit 24 Darstellungen, nämlich 22 Ringer, das Wappen von Landshut und Ornament. 15. Jahrh. Ende" gehört es dem Kupferstich-Cabinet des Königl. Museums zu Berlin an. Das Berliner Buch enthält dieselben Ringübungen wie die Münchner Incunabel; in Betreff der ungleichen Größe der Zeichnungen bemerke ich, daß die Darstellung des „inwendigen Schleudhackens" in dem Berliner Exemplare von dem unteren Striche bis zu dem Scheitel des Linken eine Länge von 14½ Centim. hat, während dieselbe Figur des Münchner Buches, die Kappe (Mütze) des Linken, der in B. (dem Berliner Buche) barhauptig ist, mit eingerechnet — nur 11 Centimeter lang ist; unsere, etwas verkleinerte Nachbildung der Münchner Incunabel giebt diesem Ringer eine Länge von nur etwas über 6 Centimetern.

Der geschickte Erneuerer der Auerswaldschen Ringerkunst, H. Turnlehrer G. A. Schmidt zu Leipzig, ist der Zeichner auch des vorliegenden „ersten Turnbuches". Abgesehen von der erwähnten Verkleinerung des Originals ist von H. Schmidt ein möglichst genauer Anschluß an die Ihm von mir eingesendeten Zeichnungen angestrebt worden; hinzugefügt ist nichts als die dem Originale fehlende Zählung unserer Bilder, bei welcher das Titelbild nicht mitgezählt ist. Auch ohne das Original zu kennen, werden unsere Leser den Zeichnungen ansehen, mit welcher Liebe und Hingebung an die Sache H. Schmidt gearbeitet hat. Möge er daher an dieser Stelle den öffentlichen Ausdruck meiner Dankbarkeit sich gefallen lassen!

V

In der von Herrn Maler Burkhardt-Schönauer zu Basel für meine „Ringkunst des b. Mittelalters" bereitwillig mir zur Verfügung gestellten Fechthandschrift fand ich eine unverkennbare Beziehung auf die oben erwähnten xylographischen Ringbüchlein. Ich hielt es für passend, den Versuch einer anderweitigen Erklärung, Ordnung und Ergänzung der Übungen, den der Verfasser der erwähnten Handschrift unternommen hat, unmittelbar auf die Nachbildung des Münchner Ringbuches (mit M., J. B. S. 38, von uns bezeichnet) folgen zu lassen und bemerke, daß unsere der Basler Handschrift entnommenen Zeichnungen etwa die halbe Größe der Originale haben. Den Text des Berliner Ringbuches habe ich (unter dem Zeichen B.) nach Sohmann's Seitenzählung (Serapeum von S. 1844, S. 33—35) hinzugefügt, u. A. auch zur Berichtigung der Sohmann'schen Wiedergabe desselben.

Das nach 1530 bei Christian Egenolph zu Frankfurt a. Main gedruckte zweiälteste deutsche Fechtbuch (von dem es fünf Auflagen giebt, die letzte v. J. 1558 bei Ch. Egenolph's Erben: s. Sohmann im Serapeum v. 1844 S. 42 f.) hat seine Abbildungen unverkennbar der Dürer'schen Fechthandschrift v. J. 1512 entnommen.

Der dritte Abschnitt des vorliegenden Werkes bietet den Lesern zu einer Vergleichung mit der Ringanweisung des gedruckten Buches den Text und die Zeichnungen der Dürer'schen (gegenwärtig der Magistrats-Bibliothek zu Breslau angehörenden) Handschrift, die letzteren in der Größe der Originalbilder, deren Colorierung — vergl. das Titelbild meiner „Ringkunst des b. Mittelalters" — die auf den Bildern angebrachte Schraffierung anzudeuten versucht. Nach den Farbangaben S. 42 u. 43 des vorliegenden Buches mag, wer Neigung dazu hat, unseren Nachbildungen der Dürer'schen Zeichnungen das Farbencolorit der Handschrift geben. Zu der Übung des „Gefangen nemens" habe ich auf S. 77 das entsprechende Bild des Egenolph'schen Werkes — in Originalgröße — hinzugefügt, theils um bei der Seltenheit jenes Fechtbuches den Lesern eine Anschauung davon zu geben, wie die Holzschnitte des Druckwerkes von der Einfachheit der Dürer'schen Feder-Zeichnungen abziehn, theils weil das Egenolph'sche Bild die Handschriftzeichnung berichtigt. Die Schriftzüge unter den Bildern sind genau die der Breslauer Handschrift. Auch die Figuren des II. und III. Abschnittes unseres Buches sind eine Arbeit der H. Schmidt.

Einige Lesarten des Egenolph'schen Druckes habe ich mit dem Zeichen E. unter den der Dürer'schen Handschrift entnommenen Text gestellt. Außerdem gab mir die Fechthandschrift des Augsburgischen Rathsdieners Paul Hector Mair in Dresden (ich bezeichne sie mit DM, f. meine „Ringkunst des b. Mittelalters", S. VI) Gelegenheit, einige andere Erklärungen der Dürer'schen Bilder hinzuzufügen; Mair hat nämlich seiner Beschreibung des gesammten Auerswald'schen Buches v. 1539 bis auf das Ringen im Grüblein — in dem erneuerten Auerswald v. J. 1869 habe ich dieselbe S. 3—10 mitgetheilt — auch die Ringübungen des Egenolph'schen Fechtbuches mit eigenem Texte an- und eingereiht. Einzelnes entnahm ich ferner einer Fürstlich Wallerstein'schen Fechthandschrift des 16. Jahrhunderts, die ich mit „W. 7" nach Angabe des Directors der Wallerstein'schen Sammlungen, H. Freiherrn von Löffelholz, bezeichne, dessen Güte mir die Benutzung der reichen fechthandschriftlichen Schätze der Wallerstein'schen Bibliothek schon für meine Bearbeitung der mittelalterlichen Ringkunst ermöglichte.

Im IV. Abschnitte (S. 81 ff.) findet man aus der Fechthandschrift des Herrn Burckhardt-Schönauer zu Basel eine kurze Darstellung des „Ringens im Grüblein", neben Auerswald's Grüblein-Ringen die einzige Behandlung dieses Ringspieles in handschriftlichen wie in gedruckten Quellen, soweit ich diese kenne. Vergl. die „Ringkunst des b. Mittelalters" S. VI und meinen Aufsatz über das Grubenringen der Basler Handschrift in der Turnzeitung von 1871 S. 120—122. Die verkleinerten Nachbildungen der Basler Gruben-Ringer sind mir für das vorliegende Werkchen von der Redaction der „Deutschen Turnzeitung" zur Benutzung überlassen worden. Indem ich derselben hierfür wie den Vorständen der Bibliotheken für die freundliche Bereitwilligkeit herzlich danke, mit der sie das Zustandekommen auch dieses Werkchens ermöglicht haben, muß ich mit gebührender Anerkennung meines Freundes F. C. Lion an dieser Stelle gedenken, der die Anfertigung der Zeichnungen wie den Druck des Buches in Leipzig mir vermittelt hat.

Bis auf die bei dem Fechten mit dem langen Schwerte, dem Messer (Tesak), dem „Degen" (Dolch) u. s. f. und die bei dem Fechten zu Roß in den Fechthandschriften vorkommenden Umgübungen liegen nun die eigentlichen Ringanweisungen der älteren Zeit in Wort und Bild unseren Lesern vor; die in den Handschriften enthaltenen (bis auf das erst hier wiedergegebene handschriftliche Gruben-Ringen) in meinem Buche von 1870, die gedruckten in dem gegenwärtigen Schriftchen.

Schwierigkeiten des Verständnisses wird das vorliegende Werk den Lesern wohl nicht bieten, die das Buch v. J. 1870 durchgesehen haben; dort sind die auch hier vorkommenden, dem gegenwärtigen Sprachschatze nicht mehr oder in anderer Bedeutung angehörenden Wörter, wie reiben (= drehen), bauchen (= drücken; f. Schmeller's bayr. Wörterb. I, 360 und hier z. B. S. 29, S. 32), Kampfstück (= eine für den gerichtlichen Zweikampf empfehlenswerthe Übung), Wage (= Stellung mit gebogenen Knieen und Vorneigen des Oberkörpers), Bruch = Abwehr, Widerbruch = Abwehr des „Bruches", „Zwerch" u.s.f. erklärt worden. Diech — S. 30 — (engl. thigh) ist der Oberschenkel und possen [S. 88] (f. „bossen" in Grimm's Wörterbuch) bedeutet: Bildwort — „in" S. 39 (Z. 10 v. ob.) ist „in" zu lesen (in der Handschrift fehlt, wie öfters vorkommt, der Punkt (Strich) über dem I); „d. h. b —" S. 29 lies: das heißt das —; „w". S. 86 lies „werfen". Jhms S. 30 ist aufzulösen in: ihn sie; wellichs in: welche es; beyr mit (S. 32) in: bei der Mitte u. vergl. Zu dem Worte „grübelen" unserer S. 4 habe ich zu bemerken, daß Sotzmann (Serapeum v. 1844 S. 42) wie Maßmann (Turnzeitung v. 1861 S. 159) das Wort mißverstehen. Der erstere findet in ihm eine Hindeutung auf Auerswald's „Ringen im Grüblein"; der letztere meint sogar, das „grübeln" bezeichne ein besonderes Ringstück, etwa wie der Schragen, der Riegel, die Gabel des erstern gedruckten Turnbuches, eine Ansicht, die ein Blick auf die S. 4 unseres Werkchens ohne Weiteres widerlegt. Bedeutet grübeln zunächst graben, (mit den Fingern) bohren [in Keller's Fasnachtspielen aus dem 15. Jahrh. Bd. 29, S. 702 der Bibliothek des literar. Vereins in Stuttgart grübeln Buben (Burschen) den Maiden „nach der untern taschen" und fleißen sich oben des Busens; „Einer grübelt in der Nasen": Philander v. Sittewalt's Gesichte, Frankf. a. M. 1645, S. 26], so möchte ich das „grübeln" unseres ersten Bildes eher auf unser sog. Abgewinnen des [besten] Griffes beziehen, wovon die alten Ringanweisungen auffälligerweise nicht reden. Vergl. auch den Ausdruck S. 64 des III. Abschnittes dieses Werkchens „den griff brechen....". — Das „Ringen im Grüblein" selbst mag wohl auf den gerichtlichen Zweikampf zwischen Mann und Frau sich zurückführen lassen, bei dem zur Ausgleichung des natürlichen Kraftunterschiedes der Mann bis zu den Hüften in einer Grube stehen mußte.

Eigenthümlich ist der Umstand, daß die Ringer des ältesten

gedruckten Ringbüchleins barfuß kämpfen. Behalten die Fecht-
meister des Titelbildes, deren Stange [vergl. S. 10 meiner Schrift
„Sechs Fechtschulen der Marxbrüder und Federfechter aus den
Jahren 1573—1614 u. s. f." Heidelberg bei K. Groos 1870]
das Zeichen ihrer Würde ist, die Schuhe an, so könnte man meinen,
der Grund für das Barfuß-Ringen liege in der größeren Sicherheit
und Festigkeit des Stehens mit bloßen Füßen. „Der Fuß, der
beim Ringen eben so thätig und wirksam war, als die Hand,
mußte völlige Freiheit der Bewegung behalten" meint Sotzmann
(Serapeum v. 1844 S. 35) und Albrecht von Eybe bemerkt in
seinem 1474 verfaßten, 1511 gedruckten „Spiegel der sitten" Bl.
138 ᵇ: „Ist ainer gestaltbett vnnd soll ringen mitt ainem nackenden,
der wirdet bald zu der erden geworffen, wann [denn] er hatt an
Jm, dar bey er wirt gehalten". Fügt aber Sotzmann (a. o. O.
S. 35) hinzu, der Fuß der Ringer erscheine in dem Berliner
und Münchner Ringbüchlein, „wie in allen früheren Handschriften
und in den späteren Drucken, bis auf Auerswald's Ringerkunst
herab, immer unbeschuht", so ist diese Angabe vollständig un-
richtig. Die Ringerfiguren der älteren wie neueren Fecht-Hand-
schriften tragen immer Schuhe; von den Dürer'schen Ringern ist
nur ein einziger barfuß, s. meine „Klugkunst des d. Mittelalters"
S. 45, ebenso sind die Ringer des Egenolph'schen gedruckten Fecht-
buches sämmtlich beschuht. Ich bin geneigt, das Ablegen der Schuhe
bei den Ringkämpfern des Berliner und Münchner Druckes in
Beziehung auf die Sitte zu bringen, den „Kampf" (d. i. den ge-
richtlichen Zweikampf als Gottesurtheil), fand dieser nicht in
(voller) Rüstung, sondern in dem eng anliegenden, mit rothen
Kreuzen versehenen Kampfkleide statt, mit bloßen Füßen auszu-
fechten, wie das die Thalhoffer'sche Fechthandschrift selbst für den
„Kampf" zwischen Mann und Frau darstellt. Ein „Kampfstück" führt
noch unser erster Abschnitt, Bild 11 S. 14 an, und über den „bar-
füßigen Auland" zu Geldern vergl. Zöpf's Alterthümer des
deutschen Reichs und Rechts III. (1861) S. 113. — Die in den
Kleidern der Figuren des Berliner und Münchner gedruckten Ring-
büchleins angebrachten Buchstaben — man findet dergleichen auch
in Handschriften-Figuren — vermag ich nicht zu deuten. Sotzmann
(Serapeum v. 1844 S. 36) will aus den Zeichen eines Blattes
des Berliner Xylographs die Jahreszahl 1507 herauslesen, was
mir beim Anschauen des Blattes nicht möglich war. Dahingestellt
sein lasse ich es, ob in anderen Zeichen eine Hinweisung auf die
„frawen [marie] brüder" und die „sant Jorgen brüder" enthalten
sei, von deren Tag- und Stundenwahl für den glücklichen Aus-

gang eines Kampfes (gerichtlicher Art) Fechthandschriften wie handschriftliche Kalender (z. B. der Cod. Palat. Nr. 832) handeln.

Das Ringen im Liegen faßten die Alten bekanntlich bisweilen obscön auf und Lucian hat in seinem „Lucius oder der magische Esel" auf die ἀνακλινοπάλη (s. Krause's Gymnastik und Agonistik der Hellenen, Halle 1841, S. 427) eine ganze Reihe von Kunstwörtern des hellenischen Ringbetriebes übertragen. Auch unsere derben Altvordern scheuten vor schlüpfrigen Deutungen wie des Turnierkampfes so anderer Leibesübungen nicht zurück. Mit Beziehung auf die in meiner Einleitung zu dem erneuerten Auerswald schon bekanntgegebene Thatsache, daß das deutsche Ringen ursprünglich mit der Fechtkunst in engstem Zusammenhange gestanden, hebe ich aus der Heidelb. Handschrift Nr. 355 (s. auch die Handschrift Nr. 313) eine dieses alte Verhältniß des Fechtens und Ringens belegende Stelle aus. Man vergleiche das Gedicht „Die Gras-Metze" (Grasmagd) in der [Nonne] Clara Hätzlerin Liederbuch, herausgegeben im 8. Bande der „Bibliothek der ges. d. National-Litteratur, 1840" von Haltaus, S. 279 f.

Einem nach ihrer Minne — mit Worten, zuletzt mit Gewalt, aber vergeblich — „ringenden" Alten entgegnet die Magd in einer Weise, als sei sie selber der Fechtkunst gar wohl kundig. Auf des Alten Worte:

   Herz syn vnd mut mir ye vnd ye
   Nach dir ringt wo ich bin

lautet ihre — spottende — Gegenrede:

   — das ist ain frömder syn
   Wer hüt des ob das tu mir kunt
   Was ringens sij zu dieser stůnt (142ᵃ)
   Geschicht es In der schirmer wiß?
   Ich wůnd da werst der zu je griß
   Das du noch legst Jm langen ort
   Ain fügt halst du deain port
   Dar vß so ficht man Jn dem schrand
   Ich förcht din der schwert sij zu kranl
   Es brech so es am besten sij
   Der galdin luss der bin ich frij
   Die hön ich gelernt nach dem nůwen sitten
   Das hön ain wil diß gruß geschnitten
   Vnd bin Jn minem rüden milb …

Der alte Minner erwidert, sein „beschwert" (das zur Eber-
jagd verwendete Schwert) sei, obwohl er lange gefochten, durchaus
nicht entzwei, worauf die wortfertige Magd ihr Verständniß des
Ringens und Schirmens (d. i. des Fechtens) des Weiteren
darlegt:

      Zu trüben das wer der mail (142ᵇ)
      Wer dir din beschwert blüben ganz
      Du hast gefochten so mengen ranz
      Das er dir billich verschliffen wer
      Die säben böw sind dir zu schwer
      Vermöcht du dril das tu mir kant.

Endlich faßte der Alte, wie er erzählt, die Grasmagd

      Vnd rang mit Ir Zu gebürlins wiß
      Sü sprach sarü schön vnd gefarn liß
      Erschragtenl nit das kindelin
      Du macht ein recht buß vngefüll sin (144ᵇ)
      Wait Ierman niog Ich vor dir gewesen
      Ich bin vor me ans rigeln genesen
      Mit zu mir an dem ganz wr.
      Ich warff sie nider Zn den ele...
      Fast wider stellen striben stroben
      Begiren biegen ringlen randen¹)
      Krupffstoffen vnd winden wanden
      Des hab sich vil vnd menger lan ....

Wie das in dem Gedichte erwähnte Ringen nach der Weise
der Bauern, der sog. Bauern-Griff, veranstaltet wurde, lehrt
meine „Ringkunst des d. Mittelalters" S. XIV. Ein besonderes
Ringstück „Riegel" kennt noch unser ältestes gedruckte Ringbüchlein
(S. 10); Thalhoffer's Bilderhandschrift setzt zu einem seiner Ringer-
paare die Ueberschrift: „Die habent birlichs gefaßt, ain Arm vnden
. den anndern oben . vnd ligend In dem streb". Ueber die eben-
falls genannten „Huten" (Auslagen) der alten Fechtkunst, das sog.
Lang-Ort, die Eisen-Pforte, die Schrankhut; über die Kunstwörter
„goldene Kunst", (vergl. das goldne Ringen, S. 37 unseres
Werkchens), über die „sieben Meister-Häue (Hiebe)" u. s. f. werden
die handschriftlichen Fechtbücher, deren Herausgabe Ich beabsichtige,
genauere Auskunft bringen; Hallaus' Wörterbuch zur Clara Hätzlerin
weiß nicht einmal das „schirmen" des obigen Gedichtes zu erklären. —

Um mit ernsten Versen zu schließen, füge ich zwei Lobge-

---

¹) Tob. Nr. 313: Glader bl. rinden vmb randen | Gras grop stos
vand — . — Ranzen [vergl. Z. 5 v. oben] bedeutet noch „ausgelassen
spielen, umherschwärmen, Vom Mädchen besonders, die nicht im besten Rufe
stehen"; Bälld. Spieß: Volksthümliches aus dem Fränkisch-Hennebergischen",
Wien 1869 S. 26, 45, 71.

dichte auf Dürer hier an, die der Dürer'schen Zettelhandschrift
sowohl in dem Exemplare der k. k. Fideicommiß-Bibliothek zu Wien
als — was gegen Mußmann's Behauptung im Serapeum von
1844 S. 45 hier mag bemerkt werden — in der Breslauer Hand-
schrift (daselbst Blatt 2ᵃ und 3ᵃ) vorangestellt sind.

DVRERI Ingenio, qui nil molitur Inepti,
Vt graphide exquarit multus, paucique colore;
Consummaſſe artes pacis non est fait: Idem
Aggreſſus bellignas artes. Sic Pallada Virumque
Pareulit, Vt duplicem referat capite hacc coronam.
Germanos bellare docet Germanus, et artem
Anormem prius, et diffusam, ad certa redneit
Principia, vt pulchro praecepta hinc ordine pandat.
Credas Socraticum Euclidem spectare, docentem
Caelum in magno, Megarà admirante Matheſin
A puncto in tantum tractando aſurgere culmen.
Saepe idem patuisse DVRERYS certa dediſſa
Conſilia in rebus dubiis memoratur, In vno
Noriea gens eius vt poſſederit omnia, quae sint
Singula sat praeclara aliis. Insignia laudum.
     IOANNES VIVIANVS CAES?

De tous les plus beaux arts l'estime la Peincture,
Comme celle qui scayt Imiter la Nature,
Et sans bouger d'un lieu represente a nos yeux
Ce qu'on peut remarquer en mille divers lieux.
 Elle nous faict jouyr en despit de l'envie,
Des uevys despouilles de cente hommes vya,
Et par le rare obiect des tableaux ramaſſes,
Monstre comme presens, plusieurs Siecles paſſes.
Bref, ville-agreable, aux meilleurs esprits porte
De plaisir et profit les fruicts en toute sorte.
 Mais laiſſant le subiect de sa description,
Et de ceulx qui l'ont mise en admiration;
Comme en lieu de Zeuxis, Phydias, Praxitelle,
Pollorete, Mentor, Parrhosye, et Apolle,
Je te loue ALBERT DVRE, sablony des heaux traicts
Qui decorent par tout tes signalez portraictes:
Testimant le premier de cest' Art entre mille.
Loenvre qui garantit des flammes vne ville,
Le chenal, la Venus, les raisins, le rideau,
Parabgonnez aux tiens, n'eurent rien de plus **beau**.
 O de quel artifice, et par quelle efficace
So peut mieulx exprimer la souplesſe, la grace,
Le manyement, les tours, la deſmarche, et l'effort,
Qu'en ce liure d'Escrime on ne recognoit si fort
Qu'il semble proprement, non que ce soit la craye
Ou les traicts de la plume, ains vne chose vraye.
 Or as tu donc Acquis pour auoir si bien faict
La reputation d'un ministre tres-parfaict.
     F. P. Du **Claux-Hardy.**

Obgleich am heutigen Tage Deutschland den vierhundertjährigen Geburtstag seines großen Sohnes Albrecht Dürer feierlich begeht, müssen wir des Kanzlers Bivianus obiges Wort, Dürer erst habe in seiner Fechthandschrift der deutschen Kunst des Fechtens eine sichere Grundlage, einen regelrechten Aufbau gegeben, für eine poetische Hyperbel erklären, ein Urtheil, das auch für die Wiener Fechthandschrift Dürer's gilt, in welche einige Abschriften aus älteren Handschriften mehr aufgenommen sind als in die Breslauer *Onlodidionalia* Dürer's. Bis auf den S. 44 f. mitgetheilten Ringabschnitt enthalten die Dürer'schen Handschriften nur Entlehnungen aus früheren handschriftlichen Fecht-Büchern.

Daß die Dürerhandschriften im Britisch Museum zu London in Betreff des Fechtens und Ringens nichts weiter darbieten als was S. V meiner „Ringkunst des d. Mittelalters" angegeben ist, lehrt ein Aufsatz über diese Handschriften in Dr. v. Zahn's „Jahrbüchern für Kunstwissenschaft" (Leipzig 1868) S. 20.

Heidelberg, den 21. Mai 1871.

Karl Wassmannsdorff, Dr. phil.
Ritter des Zähringer Löwenordens.

Inhalt.

I. Das erste gedruckte Ringbüchlein
nach einem um das Jahr 1500 erschienenen Holzschnittwerke. S. 1.

	Seite
Titelbild	3
1. Der recht stah und weg vor dem man	4
2. Das jucken	5
3. So er dich erhebt	6
4. Der schrage	7
5. Der inwendig scheinhacke	8
6. So er dich erhebt	9
7. Der rigel	10
8. D' hind' wurff	11
9. Die seitwertzwai hüfft	12
10. D' leß bruck	13
11. Die bald hüfft	14
12. Der abstoß	15
13. Die gabel	16
14. Der vßer hacken	17
15. Das abwinden	18
16. Die mawrmad hüfft	19
17. Die hüfft in dem offeren hacken	20
18. Der hinderwurff in dem offeren hacken	21
19. Die bald hüfft	22
20. ein frach stuck eß der zwerch	23
21. Der recht einlauff und stal im hacken	24
22. pruch vñ widpruch im hacken	25

II. Ergänzungen zu dem vorstehenden Ringbüchlein
aus einer Fechthandschrift des 16. Jahrhunderts. S. 27.

Das Buch vom Zuckringen	28
Der abstoß	29
Das abreissen	29
Das ist ein judenn auch ein arm verrucken	30
Das ist die kerch im ringen	30
Das ist die Schwech	31
Die inner hüfft im Hackßen	31
Das ist der Bruch darvber	32

	Seite
Das ist ein halb ringen	32
Bruch aus halb ringen	33
Ein bruch aus der kurz halt, hast der lest haden	33
Der Widersatz im Armringen	33
Das ist ein gantzer beschlus im ringen	34
Das ist das üeben händ legen im Ringen	35
Das ist das Sinnen rengen	35
Stuck und Bruch	36
Das ist der hoher sturz im Ringen	36
Das güten ringen	37
So er sich erhebt	38
Das Ergreiffung seinen hand	39
So er sich erhebt	39

III. Siebzehn Ringübungen
aus Albrecht Dürer's Fechthandschrift v. J. 1512 S. 41.

Vorbemerkung	42
Schwache Lenden	44
Zur Rücken werffen	46
Arm überdrucken	48
Ubergen	50
Schwach herschen	52
Hals greifen	54
Sterche Umweber	56
Das Hinderfs bricken nehmen	58
Jurückreissen	60
Burst auf dem Stürh	62
Eintragen	64
An Kopf felen	66
Hinderfs an vornen	68
Diebeslehre	70
Hergel werfen	72
Schnappen nehmen	74 77
Werffen. Uber Roder-Sturh	78 79 76

IV. Das Ringen im Grüblein.
Aus einer Fechthandschrift des sechzehnten Jahrhunderts. S. 81.

Das warten	82
Das ist ein stos	83
Stost er dich mit der rechten hannt	84
Greifst er dir nach dem sargescheln scheuchst	84
So er dich oben anstosst	85
Die Schwech	85
Das durchlauffen	86
Das ist das aufhechen	87
Der inner hachu	89
Der Schragen	89

/ I.

Das erste gedruckte Ringbüchlein

nach einem

um das Jahr 1500 erschienenen Holzschnittwerke.

Hye in diſem büchlin
findt man die recht künſt und art des
Ringens, mit vil hüpſchen ſtücken und figuren, Dardurch
ſich ein yklicher wol yeben mag, und ſolliches ringen lernen-

Jn sant Jorgen namē heb an. Vñ
schaw zūm ersten ob d man hoch
od nid gang dz ist des ringes anefang

grübele ii

Das ist der recht stād vnd
wag vor dem man.

So der mann mit der handt nach
dir gryffet. so nim dis stück das du
hie sichst das heist das zucken

So er dich erhebt hat vñ du kein ha
be haben magst so nim dis stuck so
last er dich gā oď brichst im dē arm

wan er sich gantz uff richt vnd hin-
derlich strebt so du yn in dem hacke
hast so nim dis stück heist ð schrage

Das ſtück heiſt d inwědig ſchlenck
hacké.das nim mit voller ſterck ſo
wirffeſtuyn mag er dir nit wěden.

So er dich erhebt vnd wil zů rück
werffen.so tů so wollest fallē.gryff
im nach dē rechtē bein stos in vō dir

wan er dir den hacken von synem
bein wil ziehe. so nim dis stück das
du hie sichst das heist der rigel.

wan du in den hacken lauffest Ee
wan er sich recht in die wag setzt so
ntuu dis stück es heist ǒ hindwurff

So er eng mit ſyn bein ſtet ſo du yn
in dē hacken haſt. ſo nim das ſtück
das heiſt die fürtrettent hüfft.

So du ein hüfft nimest. vnd er sich
mit dir vffricht. od̛ dich vſz dē hack
hebt. nim dz ſtick heiſt d̛ leſt hackē.

So er sich uffricht vnd du yn de͂ hocke hast.so nim dis stück dz heist die halb hüft vn̄ ist ein kampf stück

Greyfft dich der man zů dem ersten
an. so nim dis stück: dz du hie sichst
das heist der abstoß.

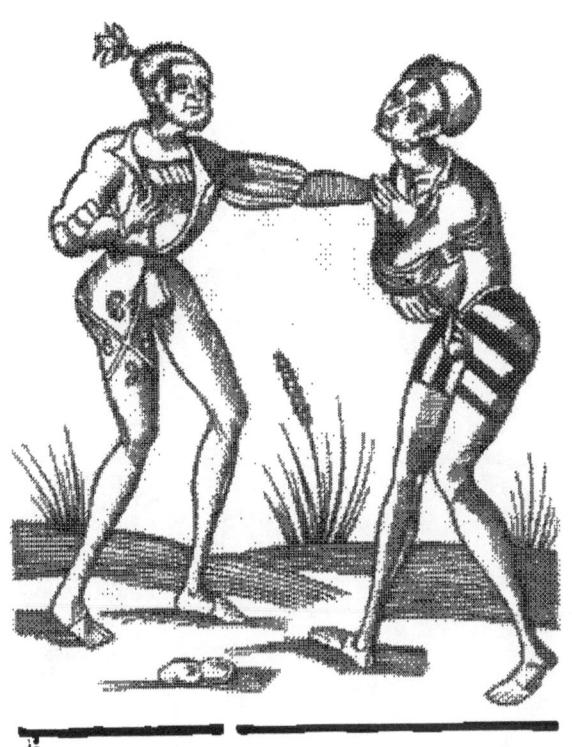

wan er sich uffricht. od in die wage
setzt. so du yn in dem hacki hast. so
nim das stücke das heist die gabel.

wan er dir den kopff zůcket. so du
im in dē hackē wilt lauffen so nim
dis stück das heist der usser hacken

Gryfft dich der mau mit zorn vnd
sterck an. so nim das stück das du
hie sichst das heist das abwinden

wan er sich wyt von dir scheübt. so
du in dē hacki stest. so nim dz stück
das heist die wammas hüfft.

Das stück das du hie sichst. das ist die hüfft in dem ussern hacken das nim schnell mit voller sterck.

Das ist der hinderwürff. in dem
ussern hacken. Den merck ebē und
nim den mit aller dyner sterck.

So er wyt mit den beynen stect. so du yn in dē hacken hast. so nim dis stück das heist die halb hüfft.

Dis ist ein gemeins freyes stück das zü beyden syten ein yder ringer brü-thet. und gat uß der zwerch.

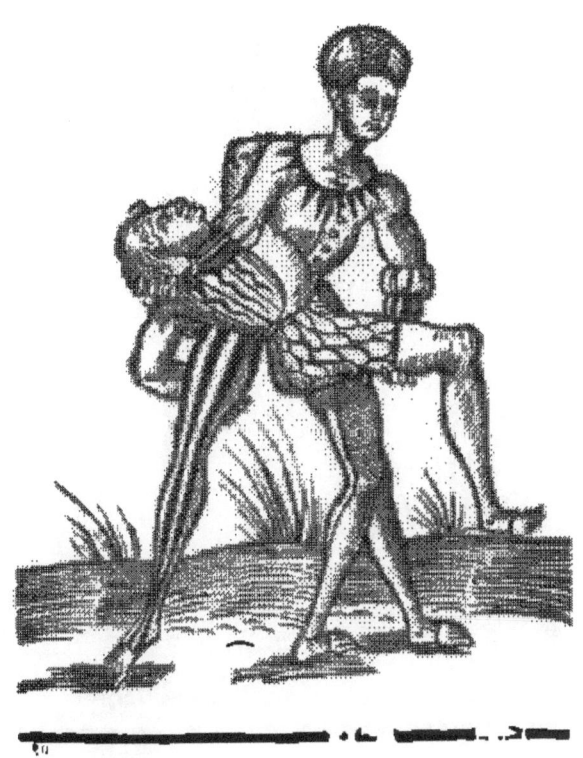

Das stück das du hie sichst. das ist
der recht einlauff und der recht stät
in dem stück das do heist d hacken.

Das stuck ist pruch vñ wtdpruch,
im hacken, vnd ist ein freyer wurff
dar in zůnemmen.

II.

Ergänzungen zu dem vorstehenden Ringbüchlein

aus einer

Fechthandschrift des 16. Jahrhunderts.

(Bl. 111ᵃ) **Hie hebt sich an das Buch vom Juesringen.**

(111ᵇ) Jn Gottes namen heb an,
sich | ob der man
hoch oder nider ga-|ng,
Das ist des ringen anfang.

[B. 1ᵇ. — Hier S. 4.] Jn Sand Jorgñ namẽ heb an. vnd schaw zum Ersten. Ob | der man. hoch oder nider gang. | das ist des ringens anfang. [„grueblen" vnd „Das ist der Flecht 3 [die Ecke ist abgeschnitten!] way. Bor den . . .”]

(112ᵃ.) **.Der abstos.**

Greifft dich der man zum ersten an, mit einr hannt oben, so es wer mit seinr lincñ hannt so stos imbs ab, mit deinr lincñ, oder ober bauch im die hannt, oder finger, so magst zu dein stucñ kumen, h. g.

[B. 7ᵃ. — Hier S. 15.] Greifft dich der man Zum erstn] an. So nym das stuck. das | haist. der abstoß.

(112ᵇ.) **Das abnemen**

So er dich zum ersten an felt mit einr hannt vornen oben, so yberfall mit beinen˝ baiden armen in ins glench beym ebogen [!], b, h, d, abnemen, So du ins also abnlöst [!] so wend dich von ym auf die seitn dar du im den arm yber fallen, mit fürtreten brings jus auch von der selben seitn, wie die g malt,

[B. 8ᵃ. — Hier S. 18.] Greifft dich der man. Mit | zorn vnd sterd an. So nym | das stuck. Das haist. das | ab winden.

(113ᵃ.) **Das ist ein zucken
auch ein arm verräten**

So der man mit der hannt wellichs sey nach dir greifft, so
es dann wer mit der linden so ergreif ims vornen, auch mit
deiner linden, Vnd recth den arm gegen dir, Vnnd mit drinr
rechtn stos in in wenndig ins elbogen glench, vnd trit mit dei-
nem linden fues hinter sein linden, zuch in also darpber, Wie
die gemalt, Nota so du im den arm wie oben gelernnt an
rechtest, So stos in mit deiner rechten hannt auffen an elbogen
so verrucdst iun den arm im ebogen [!].

[B. 2ᵃ. — Hier S. 5.] So der man. mit der hant nach
dir. greifft. So nim das stuck. | das haist . das zucken.

(113ᵇ.) **Das ist die sterch im ringen**

— 31 —

(114ᵃ.) **Das Ist die Schwech**

(114ᵇ.) **Die Inner hufft im Hecklin**

So du in also in hecklein haſt, vnd im die hnf alſo geiert, vnnd vor dem [vornʔ] in alſo mit deinr linden vnnd hinden alſo ober ſein axſt mit deinr rechten hannt gefaſſt haſt, ſo Schwinng dich für werß mit im auf dein linck ſeiten, vnd drä in alſo ober dein huf. H. g.

[D. 11ᵇ. — Hier S. 24.] Das iſt der Rlecht ein lauff vn | ſtand. vn dem hacken.

(115ᵃ.) **das ist der Bruch, darüber.**

Schreit mit deinem rechten fues für sein lincken fürgesetzten
fus, so mag er dich nit fürsich schwingen vnd von dir auf sein
linckh seitn wenndten,

[B. 5ᵃ. — Hier S. 11.] Wen du in den hacken lauffst. | er
was er sich recht in die wag | setzt. So nym das stuck. das heist
der hinder wurff.¹

(115ᵇ.) **Das ist ein hals-ringen.**

Ob du in also mit beden henndten vmb den hals er greifst,
so wennt dich also, tritt für sein rechten mit deinem rechten fues,
Vnnd wirf in oder dein rechte hüf in starcken schwung, Das treib
auch so er dich mit beden henndten beyr mit gefost. ♃ gemalt,

[B. 5ᵇ. — Hier S. 12.] Wen er eug mit seine painen | stet.
So du yn. in dem hacken | hast. So nem das stuck das | heist
die für tretent hufft.²

(116ᵃ.) **Bruch aufs Hals ringen.**

Lasß deine henni von der mit vmb greif zwischen dein vnd
sein, also an sein brust im mit deinem kebn ermen Vnnd bauch
in also oder beinn rechten fues, xo. hie. gemalt,

[B. 12ᵃ. — Hier S. 25.] Das Stuk ist pruch vnd wider |
pruch. ym hacken. Vnd ist | ain Freyer wurff darin zue | nennen.³

---

¹) In dem Bilde der Basler Handschrift steht des Linken r. Fuß an
der Außentante (!) des l. Fußes seines Gegners. ²) In der Basler Hdschr.
neigt sich der Rechte mehr vor, faßt mit der l. Hand sein r. Handgelenk,
das r. Bein hat Zehenstand. ³) In dem Bilde der Basler Hdschr. drückt
der Linke mit seiner r. Hand an dem Halse des Rechten, dessen Kopf mehr
l. genommen ist u. hat seine l. Hand an sein r. Handgelenf gelegt; sein r. Bein ist
gestreckt u. steht dem l. Fuße des Rechten näher. — Der Rechte steht mehr vor
seinem Gegner (der r. Fuß ist auswärts gerichtet); der l. Unterarm berührt
des Linken gesenkten r. Ellenbogen; seine r. Hand faßt sein l. Handgelenk.

(116ᵃ.) **ein bruch auf die kurtz huf.**
Haist der lest hacken.

So du ein huf nimest, Vnnd er sich mit dir aufrichtet oder
dich auf dem boden hebt, so nimb das stuckh, far Im mit der
rechtn hannt außen obn vber sein lind agsl, vnd faß In mit
deinr rechtn hannt sein rechte, schwing dich auf dein linde seitn,
Vnnd spring mit deim rechtn fueß für seinn für gesetztn fuß,
Vnnd wirf in also auf dein linackh seitn, .h. g.
[B. 6ᵃ. — Hier S. 13.] Wen du ein hufft rympst. vnd
er | sich mit dir aufricht. Oder dich aus dem boden hebt. So
nhim | das stuck. das haist der lest hacken.[1]

(117ᵃ.) **Der Schragen im . Ringen.**

Haist auch die Warmes huf, Wann er sich weit von dir
drabt, so du im hacken stest, so nimb das stuckh, wie die gemall,
[B. 9ᵃ. — Hier S. 19.] Wen er sich weit von dir schrubt|
so du in dem hacken stest. So | nym das stuck. Das haist die|
wammaß hüfft.[²]

[¹] In der Basler Hdschr. hält der Rechte nicht, sondern steht mit seinem
r. Beine an der Außenseite des (l.) Vorbeines des Gegners: außerdem hält
er mit der rückgebeugten (sprichtaugenden) l. Hand des Linken r. Unterarm
(Handgelenk) und bai seine r. Hand in die r. Achselhöhle des Linken gestellt.
²) Basler Hdschr.: Der Rechte faßt mit seiner l. Hand den l. Unterarm des
Linken. — Des Linken r. Knie (die Zeichnung ist corrigiert!) steht in der r.
Kniekehle des Rechten.

(117ᵇ.) **Das ist ein ganzer beschlus im ringen**

Du magst es auf villen fassen treiben, So du im magst mit deiner rechtn oben yber sein lindth agsl umb den hals farn, so fass in beom kopf also vnnd° dein recht ngsen (Jnnders) wennt dich umb, vnd begreif mit deiner lindn hant, linden[!] schendl oben, von auffen, Vnnd tuch dich, Vnd wirf in oben yber dich auf, Du magst es auch tun in gleichem fassen, es er dich zu im bruch, vnd so dein rechte hant ob seiner lindn agsl. H. g.

— 35 —

(118ᵃ.) **Das ist das Heben Hand-Legen im Ringen.**

Wenn er sich aufricht oder in die wag setzt, so du in im
haden hast, so nimb das stuch haist die gabl

[B. 7ᵇ. — Hier S. 16.] Wen er sich aufricht. Oder
in | die wag setzt. So du en. in dem haden hast. So nym
das | stuk. das haist die gabel.¹

(118ᵇ.) **Das ist das Gurten zucken.**

Wann er sich gantz aufricht, Hand hinter sich strebt, so du
in dem[!] haden hast, so nim diss stuch. Far mit deiner rechen

---

¹) Basler Hdschr.: Der Linke steht mehr vorgebracht und des Rechten
r. Zehen berühren noch den Boden.

hannt hinin vnnd in, Vnnd begreif in den seiner rechten agsl oben, vnnd hinter spring in mit deinem rechten swrt, Vnnd reis In bey seiner rechten agsl mit deiner rechten hannt hintersich ÿber dein rechten schendl, auf dein rechte seiten, Vnnd mit deiner linncken hanndt flos In vorn, an sein rechte brust, hie -g-.

[B. 3ᵃ. — Vergl. hier S. 7 vnd bemerke, daß das Bild der Basler Handschrift ebenfalls nicht genau der Beschreibung des „Zeigens der Sonne" entspricht.] Wen er sich gannh aufricht / vnd hindersich strebt. So bu / ÿa. in dem hacken hast. So nym | das stuck das haist der schrag°.

(119ᵃ.) **Stuck vnnd Bruch**

Wann Er dich mit seiner rechten hannt oben ÿber dein linncken linncken [!] agsl gefasst, vnd dir mit seinem rechten fures zwischen deiner beden ein geschriten, Vnnd will dich also werffen, So er dir den hacken dann vom bain will ziehen, So nim in mit deinen beden hennden zwischen der bain, vnd heb ÿbersich vnnd dauch in mit deinem haubt oben von dir, Ÿber dein linckh riech, .h. gemalt. [Am Rande steht]: haist der rigl.

[B. 4ᵇ. — Hier S. 10.] Wen er dir den hacken von seine | bain wil ziehen. So nym das | stuck. Das haist der rigel.¹

(110ᵃ.) **Das ist der hinter Wurff im Ringen**

Vnnd ist die huf im aussern hacken, das nimb schneller mit Voller stercke, Erwisch in ÿber sein recht agsl hinten bey der Yppen vnnd mit dᵉ linckhen hanut forn auch wie du siehst, Vnnd

---

¹) Basler Hndschr.: Des linken Hände sind gefaltet; die r. Hand des Rechten liegt etwas höher.

— 37 —

spring mit deinem rechten fuer für sein bed, Bnd wennd dich vmb, vnnd schwing in schnell auf dein linckh seitn für dich,

[H. 9ᵇ. — Hier S. 20.] Das ist die hälfft. Ju dem aussern hadern die man snell¹ mit sterd.¹

(120ᵃ.) **Das gulden ringen**

---

¹) Basler Hschr.: der R. steht mehr (L) gedreht; seine r. Hüfte befindet sich mehr vor dem L., dessen r. Achsel tiefer in der Achselhöhle des Rechten ruht. Die l. Hand des Rechten faßt des linken r. Unterarm nahe am Ellenbogen.

(120 b.) **So er dich erhebt**

Vnnd du sein hab habenn magst, so nimb diß stuck, far im mit der rechten hannt durch sein lincken arm oberhalb seins elbogen auf die maus, vnnd halt die mit deiner hant starck, Vnnd mit dem hinnttern tail deins arms, winnt im sein hannt Obersich, so lest er dich oder bricht im den arm, Ob er dich aber auf sein rechte seitn het also erhebt, so trib diso stuck, mit der lincken hant

[B. 2 b. — Hier S. 6.] Wan er dich gantz erhebt hat | vñ das du sein hab habñ magst | So brauch das stuck das du hie fechst | So muß er dich | lassen Ob" du prichst vō dē arm.[1]

(121 a.) **Der Inwendig schlenck hacken**

So du in also mit beden herunden bey der brust vor vnnd hinden er wischt, seet sein [sinder: durchstrichen] schnell vor, so schlag im den hacken mit deinem linckn vues, vnnd schwing in auf dein linckñ seitn, Aber nimb diso stuck mit voller sterck, so wirffstu in mag er nit wennden.

[B. 3 b. — Hier S. 8.] Das Stuck haist der inwentigū schlenckhacken. das nym mit voller sterck. So wirffstu yn: mag er dir nicht wenntē."

---

[1]) Basler Hdschr.: Des Rechten r. Hand befindet sich vorn an der l. Achsel des Linken. [2]) Basler Hdschr.: Der Linke hat beide Hände an des Rechten l. Achsel und l. Oberarm; sein l. Fuß steht mit den Zehen auf dem Hälkelbeine des Rechten. Der Rechte hat, wie bei M., mit seiner l. Hand von unten des Linken r. Unterarm gefaßt.

(121ᵇ.) **So er dich erhebt**

Bnnd will dich zu ruck werffen, so thu als welst fallen, greif im nach dem rechten bain, er heb oder zuckhs, vnnd stos in oben von dir

[B. 4ᵃ. — Hier 3. 9.] Wen er dich erhebt hat Bnd | will dich zu ruck werffen. So | thüe so welstu vallen. Bnd | greiff ym. nach dem gerechtn | schenckel. vnd stoß in als vo | ε dir.¹

[B.'s Tgl 6ᵇ, 8ᵃ, 10ᵃ, 10ᵇ, 11ᵃ zu S. 14, 17, 21, 22 vnd 23.]

Wen er sich auffricht, So du in | m dem hacken hast, So nym | das stuck. das haist die halb hüft | vnd ist ain rechts kampf stuck.

Wen er dir den kopff zuglt. So | du ym. in den hacken willt lauffen. So nym das stuck. Das | haist der ausser hacken.

Das ist der hinder würff. vn | dem aussern hacken. Den nym mit aller sterck.

Wen er weil mit den painen slet. | So du vn. in dem hacken hast. so nym das stuck. das haist | die halb hüfft.

Das ist ain gemains freys stuck | das zu redn kümbt. ain reder ringer praucht. Vnd geht aus | der zwirch.

---

¹) Wassler Hdschr.: Der Linke (Gegnere) hat seinen r. Arm oben und klammt die r. Hand an die r. Halsseite des Gegners; dessen r. Arm sich an der l. Halsseite des Linken befindet, die r. Hand unter (in) der l. Achselhöhle des Linken. — In dieser Handschrift folgt auf S. 122ᵃ: „Ringen Im Griblein," der IV. Abschnitt dieses Werkleins, S. 8 f.

III.

Siebzehn Ringübungen

aus

Albrecht Dürer's Fechthandschrift

v. J. 1512.

Vorbemerkung.

Die Ringerfiguren in Dürer's *Onlachsbuchlin* sind, wie oben bemerkt, mit Wasserfarben colorierte Federzeichnungen. In den folgenden Nachbildungen von siebzehn dieser Figuren sind die colorierten Stellen (Striche und Flächen) durch leichte wagrechte Schraffirung genau bezeichnet; so zwar, daß wenn du Leser sich die Mühe nehmen will, die bemalten Stellen mit einer passenden Farbe zuzudecken, er sich dadurch die Anschauung einer dem Original fast gleichkommenden Darstellung verschaffen kann. L. bedeutet, (wie oben S. 28 f.,) die Figur zur Linken, R. die Figur zur Rechten, vom dem Standpuncte des Betrachters aus; die in der Handschrift verwendeten Farben sind folgendermaßen gewählt:

S. 94ª. Schwache suchen. L.: Kragen hellgelb, Jacke roth, Hosen dunkelgelb. R.: Jacke hellgelb, Hosen blau. Beider Haare braun und die Schuhe schwarz.

95ª. Am Nacken werffen. L.: Arm braunlichgelb, Jacke roth, Hose blau, Schuhe schwarz. R.: Haare braun, Hemd lila, Jacke blau mit gelbem (zu den Händen heraufgebendem) Umschlagkragen, Hose gelb, Schuhe blau.

Arm überdruchen. L.: Jacke und Hose hellgelb, Schuhe blau. R.: Jacke blau mit gelbem Umlegkragen, Hemd blau, Hose roth, Schuhe schwarz. Griff und Scheide des Dolches lila, die Scheide (auch des L.) schwarz. Beider Haare braun.

96ª. Abwerffen. L.: Haare und Bart grau (lila), Jacke roth, Brust hellgelb, Hose blau, Schuhe schwarz. R.: Haare braun, Jacke hellgelb, Hemd lila, Hose dunkelgelb, Schuhe schwarz.

Schwech ferschen. L.: Schultern dunkelgelb, Hose und Jacke hellgelb. R.: Aermel roth, Jacke und Hose blau, Hemd lila. Beider Haare braun, die Schuhe schwarz.

97ª. Maul greiffen. L.: Haare, Bart, Kragen, Hose lila, Jacke hellgelb. R.: Haare braun, Kragen lila, Jacke roth, Hose blau. Beider Schuhe schwarz.

Stercke schwechen. L.: Jacke und Hose hellgelb, Aermel lila, Schuhe blau. R.: Haar und Bart lila, Aermel braunlichgelb, Jacke und Hose roth, Schuhe schwarz.

98ᵃ. Das Hinderſt vornen nehmen. L.: Jade blau, Hoſe lila. R.: Kragen der Jade und das Achſelſtück unter dem linken Arme dunkelgelb, Bruſtſtück lila, das Uebrige roth; Hoſe hellgelb. Beider Haare braun, die Schuhe ſchwarz.

Niederſtauchen. L.: Jade blau, Hoſe roth (gelbes Knichant am r. Beine), Schuhe ſchwarz. R.: Jade und Hoſe hellgelb, Schuhe blau. Beider Haare braun.

99ᵃ. Barſſ auf dem Sturz. L.: Haar und Bart lila, Kermel blau, Hemd lila, Hoſe roth, Schuhe ſchwarz. R.: Kappe (Mütze) oben hell, unten dunkelgelb, Jade und Hoſe hellgelb, Schuhe blau.

Hintragen. L. (der Obere): Haar braun, Jade dunkelgelb mit einem rothen Streifen unten an den Aermeln, Hoſe blau, Schuhe ſchwarz. R.: Haar und Bart lila, Jade und Hoſe hellgelb, Schuhe blau.

100ᵃ. An Kopff ſtellen. L. (der Untere): die Jade (und Achſelſtücke) hellgelb mit lila Aermeln, Hoſe blau. R.: hellgelbe Jade mit rothen Aermeln, dunkelgelbe Hoſe. Beider Haare braun, die Schuhe ſchwarz.

Hinderſt zu vornen. L.: Kappe roth, Jade und Hoſe hellgelb. R.: Kappe hellgelb, Jade blau, Hoſe dunkelgelb. Beider Schuhe ſchwarz.

101ᵃ. Hindergehn. L. (der Untere): Jade und Hoſe hellgelb, blauer Bruſtſleck. R.: die Aermel der Jade roth, der Rücken blau, die Hoſe dunkelgelb, das Zwiſchenſtück zwiſchen Jade und Hoſe [Hemd!] roth. Beider Haare braun, die Schuhe ſchwarz.

00ᵃ. Gurgel werffen. L.: der Kragen und die Aermel der Jade dunkelgelb, das übrige (mit den Achſelſtücken) hellgelb, Hemd lila, Hoſe blau. R.: die Schoß-Jade lila, die Hoſe hellgelb. Beider Haare braun, die Schuhe ſchwarz.

Al ᵃ. Gefangen nemen. L. (der Untere): Haare braun, der ganze Anzug hellgelb (der linke Oberarm dunkelgelb), mit zwei blauen Streifen an dem Bauche, je einem blauen Streifen an den Oberſchenkeln und einem ſolchen Streifen an dem Kaß. R.: Haare und Bart lila; die Aermel der Jade lila, das Uebrige (mit den Achſelſtücken nur Schößen) roth, das Bein [man ſieht nur das Vinke!] dunkelgelb. Beider Schuhe ſchwarz.

werffen. L. (der Untere): Kappe roth, Haar braun, Bart (grau) lila, Kragen hellgelb, Jade blau, Zwiſchenſtück zwiſchen Jade und Hoſe (das Hemd) roth, Hoſe (mit Laß) hellgelb, Schuhe blau. R. (der Obere): Haare braun, die Aermel lila, die Jade und das rechte Bein dunkelgelb, das linke Bein roth, die Schuhe ſchwarz.

In ſämmtlichen Bildern iſt der Schlagſchatten auf dem Boden hellbraun.

(94ª) Volgen ¹khünstliche Stuckh Kämpffens, Ringens, vnd Werffens.

Schweche ſuechen.

Es iſt, wie in allem fechten, auch hierinne, der ſtercke vnd ſchweche höchlich acht zu nehmen. So du an mann khumbſt, befleiß dich wo er ſtarckh iſt, das du ihm der näſten ſchwech ¹gerewneſt (.wie dann ein ²yde ſterckh ihre ſchwech mit bringt.) vnd nachtringeſt, ſo magſt du ihn verfallen.

Bruch. In ³gleichen wert iſt auch das In des, ⁴zuhaben, welches als die rechte zeit, ſo du nit trifſt, in der arbeit, vnd alſo verſaumblich nach hin tappeſt, ſo merckht mans, iſt all dein thuen vmb ſunſt.

Die Anmerkungen (Lesarten u. ſ. f.) beziehen ſich auf den den Zahlen folgenden Text.
ª) E. (Blatt 35 ᵇ) vil kunſtlicher.
Schweche ſuechen. ¹) remen (ramen) — zielen, nachſtreben. ²) iede, E.
³) gleichem, E. ⁴) zuhaben, E.

Schwechе suechen.

Am Ruckhen werffen.

(95ᵃ). **Im Ruchen werffen.**

Im ersten angriff gehe aufrecht zu ihm vnd entwüsch ihn eil mit einer handt seinen scheudhel, stoß in mit dem Khopff an die brust, mit der andern handt zum augesicht, so fellet er ⁱam rudhen.

Bruch. So dich einer also oben geblendet, vnd vnden erwischt, so trudh ihm beede heubt stardh auff seinen Khopff, dieweil er iu der schwech ist, so sicst er auf den ²irß.

DM. 84. Ueb.: Ainn warff auß der scher [Scherte] In der wag Jnen schich dich also Jnn dises stuch. wann du zu dem man tumpft gib dich vor Jm wol nider Jnn die wag. das du mit deinnem linden scheundel hinder seinnem rechten stannbest. Jundem erwisch behend seinen linden scheutel hinden hinumb mit deinner linden hannd vnnd mit dem topff setz Jm an sein prust. hat er dich also angesetzt so setz Jn mit baiden hennden oben auff seinen topff trudh damit vunderfich trucht er dich also vunderfich so setz Jm mit deiner rechten hannd Jn sein angsicht Jndes schrub oben von dir vnnd vunden zeuch zu dir so wirfftu Jn auß der scher an den Rucken.

Im Ruchen werffen. — E. 96ᵃ. ¹) Ro. ²) an. ³) ars.

Arm Übertrucken.

Magst du einem im ersten angriff bede arm erwischen, vnd wol übereinannder trucken, damit schwechst du ihn mechtig deins gefallens nachuolgend zuwerffen vnd schwingen.

Bruch. Vnderstehet er dir ¹bede arm also zuuerschaben [?], so hab acht, ehe er dich in die schwech bringt, vnd lauff ihn starck mit eim nachtruck mit deiner brust wider die sehne, auß seim vortheyl. Magst also widerumb das Vor, ⁴überkummen, vnd dich baß anschicken.

DM. 85. Ueb.: Einn arm schrenncken Item halt dich also Inn disem stuck wann du zu dem Man kumpst trit mit deinem rechten schenndkel hinein, vnnd greiff Inn mit deiner rechten hand vnnden nach seinem gemechten vnnd mit deinner lincken nach seiner prust Greifft er dan also mit baiden hennden nach dir, So erwisch Im mit deinner lincken hand sein rechte vnden vnnd mit deiner rechten außwendig seinen lincken Elnpogen schrenncks Ims [ihm sie] damit überainannder Jndem drit mit deinem rechten schenncksel auf seinen rechten [Fuß] vnnd schwing In herumb auf dein rechte seiten zu der Erden.

Arm übertrucken. E. Bl. 36ᵇ. ¹) also bede arm zuuerschlagen. E.
*) d. i. erhalten.

Arm ůberdrucken.

Abwerffen.

— 51 —

(96ᵃ). **Abwerffen.**

Hat dich einer in der mitte gefaßt, mit dem Schopff an rucken zuschloßen, ¹vermeynend [!], so erwisch ihn indeß ²mit seinen beyden achßeln, oder wie du ³ihm daselbst mit dem goller faßen kanst, schlag ein beyn für so schwingst du ihn drüber, daß er fallen muß.

Bruch. Faßt er dich also zum schwang, so laß von seiner weiche, vnd greiff ihm, in die Knieebüeg, heb übersich, so felleſt ihn an rucken, oder wirffst ihn öber dein Schopff, oder lauffst mit ihm Darvon.

Abwerffen. E. 37ᵃ. ¹) vermeynend, E. ²) „mit" bedeutet hier und sonst (z. B. S. 56 u. 67) soviel als: bei. ³) ihn.

Schwech sterchen.

Begreifsstu seine bede arm, so er dann gegen dir truchtet, so such ihn gegen dir in die schwech. Jn deß erwisch seinen Kopff vnter dein lincke achsel, schlahe damit dein linck beyn für, schwing in gleich darüber.

Bruch. Indeß so du dich verfallest, erwisch sein fürgesetzten lincken schenckel, mit deiner lincken handt, truck oben mit deiner rechten handt sein lincken arm, vnd mit deim Khopff an sein brust, So fellest du ihn.

DM. 88. Ueb.: Die schwech sterchen Ienn schickh dich Also Jnn bises stuckh. stannd mit beinnem lincken fuoß vor vnnd greiff ihn mit deiner lincken hand oben nach seiner rechten Achsel vnnd mit deiner rechten nach seiner lincken seiten hat er dich also gefast so gib dich In des behend wol nider Inn die wag vnnd greiff Jn mit deiner rechten hand wol In seinen lincken arm schub den damit yberstch vnnd mit deiner lincken Innwendig nach seinem lincken schanckhel Inn die kniepug hat er dir also angesetzt so zeuch deinen lincken schennckhel behend zu dir vnnd setz Im dein rechte hannd auf seinen lincken arm truckh dauait vmberstch truckt er dann also vmberstch so setz Im mit deinem topf In sein linde Bchsen [Achselhöhle] vnnd truckh von dir so fellt er zu ruckh.

Schwech sterchen. S. 37ᵇ. ¹) seine.

Schwechstrelben

Mauß greiffen.

— 55 —

(97*). **Manß greiffen.**

So einer sich in Stanndt gestellt, so ist ein griff vornen oben an schenckhlen beneben der gemacht, darmit einer gar ¹liberlich vnd ehlendts zu werffen vnd zugreiffen ist, wie hierob angezaigt.

Bruch. Solchs wird eben mit gleichem gebrochen Geralet allein dem der das Vor, behaltet, vnd wie ehegemeldt, Indeß, Schweche, vnd nachtruchhs eben achtet.

DM. 93. Ueb.: Ein wurff mit dem Armwinden Item halt dich also Inn disem stuch trit mit deinem rechten schennckhel auffwendig hinder seinem rechten vnnd greiff Jm mit deiner rechten hand zeben seinem gemechten zun seinen linckhen schenncktel vnnd mit deiner linckhen Jnn seinen linckhen Arm greifft er dann auch gleich mit dir ein mit seiner linckhen hannd neben deine gemecht vnnd mit seiner Rechten Jnn deinen linckhen arm wol oben so wind Jm mit deinner linden hannd auff vnd setz Jm die an seinen hals. Indes schlach Jn den backen mit deinem rechten fuoß vnnd seinen rechten vnd schenb oben von dir vnnd mit dem hacken zuch zu dir heb Jn damit yberfich bey den gemechten so wirfstu Jn.

Manß greiffen. E. 38*. — ¹) d. i. leicht. Leckuchner spricht so von einem Messer-nehmen „gar lyberlich on [ohne] alle not [Mühe]".

Sterckhe schwechen.

Hat dich einer dermassen gefast, das du nit wol zu ent-
thalten getrauest So er dich also nider truckht, so zuckh in zu
dir mit deiner handt, den Khniebug deß schenckhels, damit er am
sterckhisten stehet, stoß oben von dir, so lest er die hendt auff.

Bruch. Halt in nit lang an deiner dudern blöß, sonder so
du ie deines gefallens, nit mit ihm ¹reyd werden khanst,
laß oben ab, faß ihn in deß an seiner weyche, so hebst
ihn ²mit den drouen öbersich, oder auf deine achssel.

DM. 98. Ueb.: Ainn wurff aus der sterck Jtem schickh dich
Also Jnn dises stuckh trit mit deinem rechten schenndel für seinen rech-
ten runb gib dich Jndes behend nider Jn die sterckh. Jnndem setz Jm
mit deinem topff zu seinen gemechten vnnb mit baiden henden greiff Jn
vnnb seinen lindern schenndel Greifft er dir dann mit seiner linckten hand
Jnn deinen rechten Arm vnd mit seiner rechten zu den gemechten vnd
will dir das weren so truckh mit dem leib vnnd dem kopff gewaltigelich
von dir zu seinen gemechten vnnd zuch seinen schendel mit baiden hen-
den zu dir so fellt er zu ruckh. — [Jn **Mair's** Bild hat der in einer
Ausfallstellung stehende L(inke) beide Hände an dem L. Beine des
R(echten). Des R. (r.) Hand befindet sich in Rammhaltung zwischen
den Beinen des L.]

Sterckhe schwechen. S. 38ᵇ. — ¹) d. i. fertig. ²) d. i. bei.

Sterckhe schwechen.

Das hinderst vornen neßmen.

(98ᵃ). **Das Hinderſt vornen nehmen.**

So er neben deiner rechten ſeitten ſtehet, ¹ſchlag deinen rechten arm vmb ſein weyche, ²trahe in alſo vmb mit einem zuch, ſtell deinen rechten fueß für, weiche ſunſt mit dem leib hinderſich, das gibt deinem zug ein gewallt, ſo felleſt er ŏber dein beyn.

Bruch. Empfindeſt du das, erwiſch eylend ſein bede ſchenckhel vmb die Khnie, mueſt du dann ie fallen, ſo ⁴felleſt du auf ihn.

DM. 99. Ueb.: Einn hintragen mit ainem wurff Wan Ir zuſamen Gond ſo halt dich alſo Im diſem ſtuckh. ſtee mit gleichen fuoſſen aufrecht gögen Im vnnd pent Im dein linden ſeiten. Inn dem greiff Im mit deinner linckhen hand vmb ſeinen leib hinumb In ſein linckhen Sch·[len] hat er dich alſo gefaſt ſo gib dich behend wider Jmm die wag, mit deinem leib Ju ſein waiche vnd fall Jm mit baiden henuden vmb ſeine baid ſchenackel Indes richt dich auf, ſo magſtu In werffen oder hintragen. Hat er dich alſo zu ainem wurff gefaſt, ſo fall Jm mit deiner rechten hand Jns haar ſo enthelſtu dich das du nit feelſt.

Das Hinderſt vornen nehmen. S. 39ᵃ. — ¹) ſchlahe. ²) trehe ihn. ³) felleſtu vff ihn.

Niderſtauchen.

Es iſt ein ſchlechter fortreyl, ſo es vnuerſehens von nöten, greiff einen hinderwerts in der weychi, heb in oberſich, ſtell ihn hart niber, ſtoß ihm in deß mit einem Knie in ſeine Khniebüg, zur ſchwäche, ſo felleſt ihn zur erden.

Bruch. Erhebt ſich einer alſo zum ſturtz, Ergreiff ſein halß zwiſchen beede arm zieh ſeinen Kopff alſo vber deine achſſel, ſo zwingſt du ihn mehr, dann er dich".

DM. 96. Ueb.: Kinn Niderſtauchen Item woll Jr zuſamen Gand ſo halt dich alſo Jnn diſem ſtuch, tril mit deinem linden ſcheinckel zwiſchen ſeinen baid . vnd greiff Jm hinderwarth mit baiden Armen Jnn ſein waiche . heb Jn damit oberſich vnnd ſtell Jn hart niber. hat er dich alſo gefaſt vnnd will dich niderſtauchen. ſo ergreiff ſeinen hals mit deinen baiden armen . zeuch ſeinen kopff damit vber dein Achſel . will er dich alſo herumbziehen . ſo ſtoß Jn Ju deß mit deinem rechten knie Jnn ſeine Rechte kniepug zur ſchwach . ſo ſtellſtu Jn zur erden.

Niderſtauchen. S. 40ᵃ. — In der Ausgabe von 1558 lautet die Ueberſchrift: Niderlauffern. ¹) zwingſtu. ²) W. 7. hat nach dem Düreriſchen Text noch den Zuſatz: „Aliud Wen du Ju Gil von aim alſo Ju der mit vnd langen würdeſt, dan ainer alſo leichtlich geworfen wirt, ſo thu Jm alſo, Accipe caput ſuū in tuos manos [nimm ſeinen kopf mit beiden Händen] hinderſich" (vergl. meine „Ringkunſt des d. Mittelalters", Leipzig 1870, S. 55; am dem Rande ſteht noch: „ſue [ſac?] illū Videre ſolem", d. i. oder zeige ihm die Sonne, mache das „Sonnenzeigen"; [f. hier S. 35 und die „Ringkunſt des d. Mittelalters" S. 162). So roſſu Jn den hals ab, ob". aber das es gleichlich" [geſelliglicher, zur bloßen Übung) zu ge, ſo nim [?] Ball digitū tū (einen deiner Finger], Ros in in coll ſuā ꝑ [ſtoß ihm in ſeinen hals ꝛc.; „Ringkunſt des d. Mittelalters" S. 71.]. Das iſt noch vngeſchlich" wan du nit weitter waiſt Scipe [!] digitū ſuū et Lacera illā [nimm ſeinen Finger und zerbrich ihm den; „Ringkunſt des d. Mittelalters", S. 68], ſo laß er dich gon wie er dich gelaſſen hat."

Niderstauchen.

Wurff auß dem Sturtz.

(99*). **Wurff auß dem Sturz.**

Ob einer dich in der weyche gefaßt, 'eug ob du mit dem leib zu feiner feiten khumben möchteft, schlag ein beyn hinder 'ihm, ziehe oben mit dem khopff, alß ob ftet, So er dann in der ftreich zeucht, vnd von dir will, Indeß laß den hinderften arm an feinem khopff gehn, trudh ihn mit dem forderften an die bruft, fo fellest ihn an rudhen.

Bruch. Fleiß dich ihn auß folchem zubringen, zuck oder ftoß ihn mit beim beyn auß feiner fterck, Oder ergreiff ihm die leßsten [rippen] mitt einer handt am backen, reiß vnnd trehe vmb, fo entbrichft ihm.

DM. 97. Üb.: Einn warff auß dem Sturz Item wann Jr zusamen kumnt fo schick dich also mit disem ftuck trit mit deinnem linken schenckel hinein vnnd faß In mit baiden Armen vnnd feinen leib Jnn der waich zeuch In damit zu dir. hat er dich also gefaßt vnnd zeucht dich zu Im fo greiff mit deinen baiden henndern vnnd feinen hals. zeuch In den topff damit vber dein pruft. hat er dich also gefaßt. fo laß dein rechte hand geen von feiner waich vnnd feh In damit In feinen linken Elnpogen vnnd schlach In den hacken mit deinem linken fuoß vnnd feinen rechten Indes scheub oben von dir. fo wirfftu In auf dein linke feiten.

[W. 7. fett nach dem Egenolph'fchen Texte hinzu: „Aliab Ein gute leer man du mit eine Ringest b' lenng' ift dan du ob' fej halt kurz, wie mir von eine langen gefchechen ift, wan er dich alfo oben Jber griff, vnd dich hat [hart?] oder her?] zu Im druckset das du dich nimer vr halten kundeft. Accipe caput und Büde [nimm feinen kopf, fiehe zu] das du es [das Haupt] an fein bruft bringeft vnd fal felbs also hind'fich | —". Die folgende Zeile (Zeilen?) am unteren Rande der Handschrift ift abgeschnitten, daß man nichts mehr lefen kann.]

Warff auß dem Sturz. R. 40b. — ¹) b. i. fich. ²) ibm. ³) Der aus E. aufgenommene „Bruch" (d. l. die Abwehr) fehlt der Dürer'fchen Handschrift.

Hintragen.

Im erſten Zugang iſt ein merckhlichs, einem den grüff brechen, die arm verſchrenckhen, vnd einen nachmals in die ſchwäche bringen, vnd demſelben nach, indeß behendigkhlich arbeyten.

Bruch. Iſt dir einer ie Zugeſchickht, vnd in alle weeg zubehend, ſo hab acht, ſo bald du ein offnung erſieheſt, gehe durch das du ihn auf dein achſſel bringeſt, lauff mit ihm darvon.

DM. 104. Üb.: Das hintragen Item halt dich Alſo Jnn diſem ſtuckh wann du zu dem man kumpſt. Fal er gögen dir mit ſeinem rechten fuoß vnnd greiffſt dir mit ſeiner rechten hanndt nach deiner rechten ſeiten ſo erwiſch Jn behend mit deiner lincke [!] hand ſein rechte. heb die damit wol vberſich Jnn die höch. Jnndem gib dich behend niber Jn die wag das du ſeinen ruckhen auf dein Gnackhen Achſel bringeſt. vnnd mit deiner rechten hand erwiſch Jm ſeinen linnden ſchennckel wol vunden Jn des richt dich auf, ſo magſtu Jn hintragen wa du willt. oder von dir werffen.

Hintragen. S. 41*.

Eintragen.

An Kopff stellen.

(100ᵃ). **Ein Kopff stellen.**

Hab acht, ob du ¹einem hinderwerts, ²mit dem ³wammnes ob⁴ goller erwüschen möcherst, hindern am hals, strech des arm von dir, so mag er dich nit wider ombgreiffen. Vnd so er also sich von dir arbeiten wolle, vnd zöche, Indeß gib ihm ein nachtrucke mit ⁴gemeltem arm, als woltest ⁵in auf dz angesicht werffen, So er dann sich also deß fals ⁶besorget, die hend fürschlecht, gegen der erde, so behalt ihn doch beim goller, vnd far mit deiner andern hand hinderwerts zwischen seinen beynen durch, ergreiff ihm ein hanbt, vnd ober ein beyn schwing ihn vbersich, so stellest ihn auff den Khopff.

> **Bruch.** Erwischt dich einer also mit dem goller, so buck vnd wind dich vmb ⁷dein khopff vnd seinen arm, damit er dich gefast an leib hinan. Ergreiff ⁵in einen schenckhel heb in auff ⁸ober orth, so fellt er auf seinem khopff.

DM. 100. Üb.: Einn Kopff stellen Item wann du zu Dem ainn kumpst so hab guete acht vnnd erwisch Jm hinderwertz mit deiner linden hand sein goller oder wammes hinden am hals Jnndem gib dich wol nider vnnd strech den arm von dir so mag er dich nit wider vmbgreiffen. vnnd so er sich also von dir arbaiten wolle. So gib Jm Jn des ain nachtruckh mit gemeltem arm. als wollest du Jn aufs angesicht werffen. schlecht er dann die hennd für gögen der erden vnd besorgt sich des falls so lass Jn mit gern beim goller sonder faß Jn starckh. Ja des far Jm mit deiner rechten hand hinderwertz zwischen seinen baiden fuessen hindurch ergreiff Jm damit sein rechte hand vnd schwing Jn vber ainen fueß vbersich so stellstu Jn auf den kopff.

Ein Kopff stellen. E. 41 b. — ¹) einem. ²) d. i. bei. ³) wammes. ⁴) gemeltem. ⁵) ihn aufs. ⁶) besorgend. ⁷) deinen. ⁸) ihn. ⁹) d. i. stürze ihn, lehre ihn um. Ort = Spize, Ende.

Hinderſt zu vornen.

So es dir werden mag, ſo fürſchreite ihn recht, ſchlahe ein haack, hinter ihn, vnd greiff ihm zwiſchen die beyn, ſo wirffeſtu ihn ȯder dein fürgeſtelt beyn fürſich.

Bruch. Ergreifft er dich gemelter maſſen, ſo ſetz eylends dein fueß den er dir mit fürſchritten, für dich in die ſtörch, faß ihn vornen, wie er dich hinternwertz, zwiſchen den ¹beynen [!], mit der einen hand, den ²einen arm ſchlag ihm vnnder ſein Khin, truchs hinderſich, ſchwing ihn zugleich alſo geſchwind ȯber dein hinderſten fueß den er dir fürſchritten hat.

DM. 95. Üb.: Ein wurff auß der ſcher mit der obern ſchwech Item wann Jr zuſammen gand. So halt dich alſo trit mit deinem rechten ſchennckel Innwendig für ſeinen linden vnd greiff Jn mit deiner rechten hannd hinden vnd ſeinen leib. vnnd mit deiner linden Jnn ſeinen rechten arm hat er dich alſo gefaßt. vnnd begert dich zu werffen. So ſetz deinen linden fuoß hinderwertz zwiſchen ſeine baid Jnn die ſterch vnnd greiff Jn mit deinner rechten hannd vnnden nach ſeinen gemechten vnnd mit deiner linckhen ſetz Jn oben an ſeinen hals vnnder das Kin Jn des heb endten wol oberſich vnnd oben truch ſtarch vnnderſich auf dein linde ſeiten ſo wirfſtu Jn vber deinen linden ſchenndel zu ruch.

Hinderſt zu vornen. E. 42ᵇ. — ¹) beynen. ²) andern.

Hinderst zu vornen.

Hindergehn.

(101ᵃ). **Hindergehn.**

Erwischest einem sein rechte, mit deiner linckhen handt, so there deinen rucken gegen dem seinen, schlahe ihm die linckh hand vmb sein wrach, buckh dich in ent, so würffest ihn vber deinen Khopff.

Bruch. Ob dich einer also vnderghen will, so bleib in deiner sterckh, vnd ehe er sich zum Wurff buckht, ergreiff seinen rechten schenckhel mit deiner linckhen handt, schwing ihn obersich auff dein achssel, lauff mit ihm daruon. Will er nit fallen, so wird er sich selb wol an deinen Vorgefasten rechten arm halten. Du möchtest ihn auch also obel werffen.

[„Von Fechten in der Stangen" folgt unmittelbar. Die nachstehenden, in das Egenolph'sche Buch aufgenommenen Ringübungen finden sich in der Dürer'schen Handschrift schon früher, und zwar bei dem Dolchfechten. S. 90 f.]

DM. 102. Ab.: Ain hinnbergeen Item halt dich also In disem fluch wann du zu dem man kumpst staund mit deinem rechten fuoß vor vnnd erwisch Im mit deiner rechten haund sein rechte In des hindergee In mit deinem linken schenncktel das du In deinen Nacken gögen dem seinen terrest vnnd greiff Im mit deiner linken haunnd vnnder sein rechte Achsen ist er dich hindergangē vnnd hat dich also gelast so gib dich behennd wider vnnd setz Im deinen topff In sein waiche In dem greiff mit deinner linken haunnd Im In seinen rechten schennckel heb damit obersich vnnd mit dem leib truckh gewaltig In seinen Nacken In des richt dich auf. so magstu In werffen oder tragen.

Hindergehn. K. 43ᵃ.

(90ª). **Gurgel werffen.**

Greiff mit deiner rechten vorn an ¹)ſein gurl [!], ſchreit
deinem rechten hinter ſeinem lindken ſchenckhel, ſchwing in alſo
ober dein thaile vnnd beyn.

Bruch. So er dich alſo hindter ſchribten, vnd beim halß
ergriffen, trit mit deim lindken fueß hinter ſeinen lindken
khniebug, ſo bringſt du ihn zur ſchwerde, vnd felleſt ihn.

Diß vnd dergleichen alles ſoll man zur rechten vnd lindken
gewohnen, wie ²)ſie die glegenheit des angriffs gegibt.

DM. 101. Üb.: **Ein gurgel werffen.** Item halt dich alſo
Jn diſes ſtuch wann du zu dem man kumpſt, trit mit deinem rechten
ſchenndel fur ſeinen rechten hinnaß vnnd ſetz Jm mit der rechten
hanndt an ſein gurgel vnnd mit der lindten greiff Jm noch ſeiner
rechten feiten ſo magſtu Jn werffen oder deinen furgeſetzten ſchenndel
hat er dich alſo gefaſt vnnd will dich werffen. ſo ſaß Ju mit drinter
rechten bainb wol vornen Jm ſeinem lindken arm. vnd mit deiner
lindten Jm ſeiner pruſt Jn teß. trit Jn mit deinem lindten ſchenndel
Jn ſein linde kniepuge ſo iſt er geſchwecht vnnd wirfſt Jn damit oder
deinen rechten ſchenndel.

[¹**Werffen.**

Greiff ſein lincke hand mit deiner rechten, heb ihm ſeinen
arm wol oberſich gehe mit dem haupt durch, greiff mit d*) lindten
hand in ſein rechte khniebüeg, heb in mit den ſchultern beim beyn
auff, würff ihn ober deinen rucken auff den Khopff.]

Gurgel werffen. E. 42ª. — ¹) ſeine gurgel. *) mit beim
²) bringeſtu. ³) ſich. [„ſie" iſt übrigens tein Schreibfehler!]
Werffen. — ¹) S. unten S. 70, wo (D. 91ª) dieſer Text noch ein-
mal ſteht und die vier fehlende Zeichnung ſich findet.

Bürgel wexssen.

Befangennemen.

— 75 —

(91ᵃ). **Gefangen nemen.**

Endtlich, so du einen geworffen, vnd zufall bracht, so khnie ihm zwischen beede beyn, auf sein gemacht, faß ⁴ihn beede hend, oder die gurgel, truckh fast allenthalben zur erden, so behelfst du ihn.

Bruch. Bist du ie ²vergwaltigt, vnd vndtergeworffen, hab eylends guet acht, das dir dein hendt nit verschlossen, sonder fahr ihm gleich mit einer haubt ins angesicht, den daumen vnders ³khin, die andern finger vndter den aug- apffel, greiff also ftarckh mit der andern hand, ftoß ihm ftarckh neben zur blafen, ftreckh einen schendhel, der dir am ⁴ledigiften, ziehe ihn geschwindt wider an dich, so gibst du ihm ein ⁵guets zu den hoden. Mitt disen dreyen griffen zu einem mall magst du ⁶in von dir bringen.

Gefangen nemen. S. 13ᵇ, wo es das letzte Ringftück darftellt und des oben liegenden rechtes Knie dem Sacke des Unteren aufgeftemmt ift. ¹) ihm. ²) vergewaltigt. ³) ledigften. ⁴) „Ein Gütchen" fagt man in Süd-Deutfchland für ein Hintergebäud, Schuhos. ⁵) ibn. — DM. 105. Üb. lehrt einen Vorlings Liegenden fo halten, daß man bei Stand auf dem l. Fuße das r. Knie dem Gegner auf das Kreuz ftemmt und mit der r. Hand des Liegenden Haare packt; das Bild in DM. zur 106. Üb. ähnelt dem Egenolph'fchen S. 43ᵇ, doch hat der Rücklings-Liegende feine r. S. l. bis über das Kreuz des Oberen gefchwungen und das l. Bein von Außen nach Innen über des Gegners r. Oberfchenkel gelegt. P. H. Mair's Text lautet: „Wie man einen geworffnen fperrt das er mit auffnemen mag. Item wann Ir bald Mit einander gefallen feit fo bald dich alfo greiff Jn mit deiner linden hand Zwerch Jn feinen rechten Ellnpogen fchiebe Jn damit wol vberfich vnnd mit deiner rechten wol vornen Jn feiner lin den arem, fpann die arm domit von einander. Hat er Dich alfo gefaßt vnnd ligt mit feiner bruft auf deinner bruft mit feinem baldern fchenklen zwifchen deinen baldern fo fchlach Jn mit deinem rechten fuoß oben aber feinen ruden, vnnd mit deinem linden aber feinen rechtern, fo ift er als wol gefperrt als du. Willtu dich aber ledig machen fo ftoß Jn mit deinem linden knie Jnn feine gemecht fo entlof er dich laffen vnd mag kain ftarckh mer haben". Us folgt in DM. unmittelbar: „das Buch fo zu Ehrern [Stel- lungen] des Ringens gehört", f. meine „Ringkunft des d. Mittelalters" S. VIII und den erneuerten Amerswald v. 1869 S. 2.

— 76 —

werffen.

Begreiff sein lindthe haub mit deiner rechten, heb ihm seinen arm wol öbersich, gehe mit dem haupt durch, greiff mit d' lindthen handt in sein rechte khniebüch hebe in mit den schultern [vnd] bey dem kopff auff, würff in ober dein ruckhen auf deu khopff.

*Ober greiff ihm mit deiner lindthen handt in sein rechte vnd *reib sie von dir in die lindth seitten, vnd schreit mit rechtem hinder seinen rechten, greiff mit deiner rechten vorn umb seinen leib, vnd würff in für dich ober die hüfft des rechten beins.*

Das erste Stück des werffens und das über achtel kürchen sind nur eine Uebung und haben auch in dem Egenolph'schen Messerfechten und Ringen dieselbe Dürer'sche Zeichnung zur Veranschaulichung (Bl. 27ᵇ u. 30ᵇ). Dürer's genauere Abschrift des Messerfechtens Lecküchner's (v. S. 114 "an") kann dieses Ringstück nicht enthalten, da sie — S. 122ᵃ — mit dem Anfange des „Durchlaufens" endet („ob er Starck ist ꝛc. Nun merckh die durchlauffen, und die Ringen ..."). Erst auf S. 148ᵃ (alle vorhergehen den Blätter sind leer) beginnt in D. die Überarbeitung des „Lecküchner"-schen Fechtens, der E. folgt, bisweilen mit engerem Anschluß an Lecküchner selbst. Das „Werffen" Egenolph's (Bl. 27ᵇ) und die ganze nächste Seite fehlt der Dürer'schen Handschrift an dieser Stelle. Auf den Armbruch „Ein anders zum Ein lauffen" (D. 135ᵃ; E. 2. 27ᵇ) folgt in D. unmittelbar „Ein werffen. Nach mit deiner u. s. f.", E. 28ᵇ.

¹) Das [vnd] ist von mir aus Lecküchner's Handschrift über das Messerfechten aufgenommen. ²) E. 28ᵃ. g Ein anders. Greiff —. ³) d. i. darin. ⁴) In dem Bilde der Münchner Handschrift des Lecküchner'schen Messerfechtens (Bl. 75ᵇ) liegt der rückgebeugte Linke auf der rechten Hüfte des Rechten, der sein Messer hat fallen lassen. D. wie E. bilden diese zweite Übung des „werfen's" nicht ab.

werffen.

vber achselsturtz.

¹Ober achsel zücken.

Erwisch ihn die lindhe handt, mit deiner rechten, ruck die überſich zu dir, Jn dem ſchwang, gebe mit dem knopff vndter ein arm durch, buck ²dich, ſo ³wirffeſt ihn über deinen rucken vnd achſſel, auff ſeinen knopff.

Bruch. Gebt er dir alſo durch, laß ihn zu kheiner weitteren arbeit khumben ſonder gebe indeß auch durch gleich wie er, ſo magſt du ihm ſeinen arm über dein achſſel brechen, od' in ſtürtzen, wie ietzt gemeldet, vnd dergleichen.

[Es folgt: Blatt 82ᵃ, Dolchfechten: „Stoß abnemen: Erſt Beſchliefſen" u. ſ. f.]

---

¹) F. 88ᵇ. ²) für dich. ³) wirffeſtu.

IV.

Das Ringen im Grüblein

aus einer

Fechthandschrift des sechzehnten Jahrhunderts.

(122ᵃ) **Ringen ẏm Gr | iblein.** Volgt.¹

(123ᵃ). **Das warten im grubiein.**¹
(123ᵇ). **Das ist ein stos im Grübl.**

So du im grubl stest, im wartn, richt er sich dann auf wie hie gemalt, vnd vermaint mit ainem stos dich auf dem grubl zu pringen, So schieb dich also, ste vor mit deinem linken fus selt er dich dann mit dem stos zu dein rechten seiten so treib das nachulget stuckh auf dem nachulgenden blett

---
¹) Vergl. oben S. 39.
²) Das Bild der Handschrift stellt einen Einzelnen dar, der mit beiden Füßen in einer ganz flachen, nicht runden Grube in der sog. „Boge" (S. 4) steht.

(124ᵃ). **Stoſt er dich mit der rechtn | hannt in die bruſt.**

So ſtos imbs ab mit deiner lindhn, in ſein arm ob ſeinem
ebogen [!] wie h. g. ſo muſ er ſich wenden, So magſtu dann
das ſunen zaigen dreiben,: Alſo ſo du in den rechtn arm mit deinem
linckn auſgeſloſſen wie hie gemalt, vnnd dein lincker vues vorſtet,
ſo treib es wie hernach geſchriben,
    [Der Reſt der Seite iſt leer, das Bild fehlt leider.]

(124ᵇ). So greif nach dem ſtos hinzu in ſein lindh aſſl,
vnd triſ in oder deln fürgeſetn [?] fues, vnd mit der rechtn haut
ſtos in vorn oben in die bruſt.
    [Das Bild iſt auf dem für daſſelbe auſgeſparten Raum der
    Seite nicht gezeichnet worden.]

(125ᵃ). **Greifft er dir nach dem | fürgeſetztn ſchenckhl.**

Greiſt er dich ob mit dem ſtos an mit beden henuden, oder
greiſt dir nach dem fürgeſetztn ſchenckhl, So merckh ſo er nach dem
ſchenndl greift, ſo ſchau eben auf in, gleich in ſeinem buckhen
ſpring mit dem fürgeſetztn fues hin, hinter, vnd indes erwiſch in
bey ſeinen aſſlen, vnd zuckh in ſeinem buckn nach gegen dir deinem
fues nach wie hie gemalt,   So er dich oben mit
beden henden für bruſt [!] ſtöſt, ſo faſs in auch bey beden armen
oder aſſlen, vnnd trit zu ruckh mit dem für geſetn [!] fues vnnd
reis In hin gen dir]. Vnd ſpring mit dem rechtn fus aus der
gruebn für ſein beb, vnd wirf in alſo gegen dir darüber, am
negſten tall gemalt vnd mit dem ⊗ zaichn bezaihent [!]
    [Der Reſt der Seite iſt leer.]

(125ᵇ). **So er dich eben anstoßt**

davon Vinst am Voriccultu tails plats

⚭

[Der Rest der Seite ist leer geblieben.]

(126ᵃ). **Die Schwech im grübl.**

So ir also bey den armen
gefast so magst ins auf
schlahen Vnnd dann Was
du will fur ringen treiben

(126 b). **Das durchlauffen, im grubl.**

So du mit deim lincken veus [!] im gruebl, vnnd mit deim
rechten herfur stest, vnnd den den arm, gefast hel, so er dir dann
dein arm aufschlecht, vnnd get dir auf die seitn do dein fues vor-
stet, verste die recht seiten, vnd wil dich hintn bevm rucken, auf
dem grubl. w. auf sein fiugdh seit So far iu mit deinem rechtn
arm vorn vmb den leib, vnnd hinter spring mit deinem rechtn
fues, vnnd wirf iu vber dein recht huf, W. hie. gemalt,

— 87 —

(127ᵃ). **Das ist das aufheben, im grubl.**

Begreif in mit deiner rechten oder sein recht achsl, hinten den der yppen [!], Vnnd spring mit deim rechten fues zwischen seiner beden, Vnnd schlag im den hacken in sein rues der in der Gruben stet vnnd hedbl in also heraus vnd mit der rechten heb in auf beyr yppen, vnd wennt dein recht huf an in, das haist auch dye iner huf im hedlein,

. h . gemalt,

(127 b). der inner hack im | grabl.

Den pruch yber das aufheben
vnnd yber das Stuckh, vindtu vorn
im .8. poſſen das der pruch
yber die inner Huf im hecklein
iſt, mit der zifer .8. ¹)

¹) S. oben S. 33 (Basler Handschrift Bl. 115ᵃ).

(128ᵃ). **Der Schragen im Grabl.** ¹)

¹) Ohne Text. — Die Seiten 128ᵇ — 130ᵃ der Handschrift sind leer; S. 130ᵇ „Folgt das ander Buch im Ringen". Es beginnt S. 131ᵃ mit den Worten: „Die heben sich an die Ringen. So Maister Ott Weilicher der löblichen Fürsten von Oesterreich Ringer gewesen, geseel. t. g. g." (d. h. dem Gott genade, gnädig sei), worüber S. 167 ff. meiner „Ringkunst des d. Mittelalters" nachzusehen ist.

Von dem Herausgeber des vorliegenden Werkchens erschienen bisher die Schriften:

Zur Würdigung der Spieß'schen Turnlehre. Basel, Schweighauser'sche Buchhandlung, 1845. (S. VI und 167.)

Vorschläge zur Einheit in der Kunstsprache des deutschen Turnens. Mit einem Plane des Turnplatzes in der Hasenhaide v. J. 1818 und des Spieß'schen Turnplatzes zu Burgdorf. Berlin 1861, Verlag von T. W. Mohr & Co. (S. V und 60.)

Anleitung zum Gewehrfechten. Den deutschen Turnvereinen gewidmet. Leipzig 1864 bei E. Keil. (S. 12 mit 6 Abbildungen.)

Ueber die Aufnahme der Turnlehre und Turnsprache der Spieß'schen Turnschule in das Schulturnwesen des Preußischen Staates. Heidelberg, in Commission bei E. Carlebach. 1866. (S. 30. — Mit einer Abbildung des Hieb- und Schiebe-Klimmens).

Die Ordnungsübungen des deutschen Schulturnens. Mit einem Anhange: Die griechisch-makedonische Elementartaktik und das Plsumwerfen auf den Schulturnplätzen. Frankfurt a. M., J. D. Sauerländer's Verlag. 1868. Mit erklärenden Zeichnungen. (S. XII und 182; S. VII und 60).

Reigen und Liederreigen für das Schulturnen aus dem Nachlasse von Adolf Spieß. Mit einer Einleitung, erklärenden Anmerkungen und Liedern. Frankfurt a. M., J. D. Sauerländer's Verlag. 1869. (S. VII und 157.)

Die Erdbesätzungen in den Philanthropinen zu Dessau, Marschlins, Heidesheim und Schnepfenthal. (Sonderabdruck aus der k. Turnzeitung.) Heidelberg 1870. K. Groos. (S. 70.)

Die Ringkunst des deutschen Mittelalters, mit 119 Ringerpaaren von Albrecht Dürer. Aus den deutschen Fechthandschriften zum ersten Male herausgegeben. Leipzig 1870, Verlag von R. A. Priber. (S. XXII und 202.)

Sechs Fechtschulen (d. i. Schau- und Preisfechten) der Marxbrüder und Federfechter aus den Jahren 1579 bis 1614; Nürnberger Fechtschulreim v. J. 1579 und Mößener's Gedicht: Ehrentitel und Lobspruch der Fechtkunst v. J. 1589. Eine Vorarbeit zu einer Geschichte der Marxbrüder und Federfechter. Heidelberg 1870. K. Groos. (S. VII und 58. Mit einer Abbildung aus Leckhüchner's Handschrift über das Messer-(Dusak-)Fechten).

Lyrisch-Vaterländisches aus der Kriegs- und Siegeszeit unserer Väter, enthaltend F. L. Jahn's Denkasche aus d. J. 1814 und W. Köster's der Achtzehnte des Oktobers 1813 zu Frankenheim, ein Gedicht in vier Gesängen. — Der Gesammtertrag des Schriftchens ist für die deutsche Invalidenstiftung bestimmt. Heidelberg 1870. K. Groos. (S. XII u. 20. 6 Ngr.)

www.ingramcontent.com/pod-product-compliance
Lightning Source LLC
Chambersburg PA
CBHW031412160426
43196CB00007B/986